LA PRESSE

DANS LES

DÉPARTEMENTS

PAR

ERNEST BERSOT

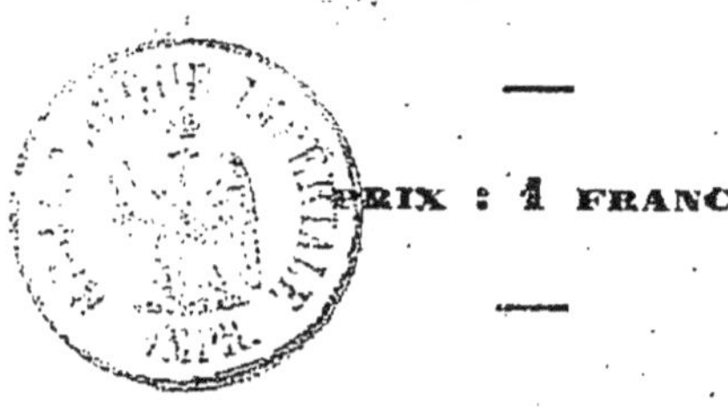

PRIX : 1 FRANC

PARIS

E. DENTU, ÉDITEUR

LIBRAIRE DE LA SOCIÉTÉ DES GENS DE LETTRES

Palais-Royal, 17 et 19, Galerie d'Orléans.

1867

VERSAILLES. — IMP. CERF, 59, RUE DU PLESSIS.

LA PRESSE

DANS LES DÉPARTEMENTS

Au moment où se prépare une loi sur la presse, nous croyons utile de publier l'étude suivante, destinée à montrer quel est le vrai mal qu'il faut guérir. Si la loi répond à nos espérances, cet écrit restera comme le témoin d'un état de chose disparu.

I

On lit dans l'*Exposé de la situation de l'Empire*, présenté au Sénat et au Corps-Législatif en janvier 1865 : « Le nombre des journaux » politiques était de 330, dont 63 imprimés à » Paris et 267 imprimés dans les départements. » Dans le cours de l'année 1865-1866, le gouver- » nement a accordé les autorisations pour la » création de nouvelles feuilles politiques, dont » 2 à Paris et 2 en province. » Il nous a semblé curieux de rechercher quels sont ces journaux de départements, à quelles opinions ils appartiennent et comment ils se répartissent à la surface de la France. Nous aurions craint d'être indiscret en demandant cela à l'administration, et nous avons dû nous livrer à une enquête assez longue et difficile, dont nous donnons ici les principaux résultats.

Nous appellerons gouvernementaux les journaux d'une certaine catégorie, pour marquer simplement l'attitude prise, sans marquer les causes qui l'ont fait prendre. Nous savons que ces causes sont diverses. Il y a des journaux qui appartiennent entièrement à l'administration ; d'autres appartiennent à des amis dévoués du gouvernement et sont moins nombreux, car le dévouement vrai est toujours rare, il est toujours aussi un peu indépendant et parfois incommode ; d'autres encore, malgré la tentation qu'ils en auraient, ne contrarient jamais l'administration, qui les tient par la faveur et la crainte : par la faveur des annonces judiciaires et la crainte des désagréments qui peuvent tomber sur une feuille indépendante, en comptant parmi ces désagréments la suspension et la mort.

Nous appellerons les journaux contraires à ceux-là journaux d'opposition. Les appeler indépendants eût été blesser ceux dont nous venons de parler. Nous entendons par Opposition le libre examen appliqué à tous les actes du gouvernement ; aussi nous aurions dû exclure les feuilles qui appartiennent à des partis qui, n'ayant qu'un objet en vue, comme certaines feuilles démocratiques ou cléricales, ne sont sensibles que sur ce point, et qui quand on les contente là-dessus, livrent le reste ; mais il a bien fallu se départir de cette rigueur, quand leur opposition, quel qu'en fût le motif, a eu quelque consistance. Nous aurions dû peut-être aussi ne nommer, dans les journaux d'opposition vraie, que ceux qui se sont signalés par leur courage ; mais la liste eût été trop vite finie, et nous avons tenu compte même de la bonne volonté. Si, malgré notre désir d'être juste avec tout le monde, nous avons commis quelque erreur, nous ne demandons pas mieux que de la réparer. En ce qui concerne l'Opposition, on comprendra la discrétion qui nous a empêché de noter la couleur et la nuance.

La presse opposante paraît exister surtout à la circonférence du pays ; suivons-la. Voici ce que nous trouvons : dans le département de la Gironde, *la Gironde*, *le Courrier de la Gironde*, avec son annexe *le Journal du Peuple*, et *la Guienne* qui paraissent à Bordeaux ; nous avons trouvé dans *l'Espérance de Blaye* une recommandation du tiers-parti. Dans la Charente-Inférieure, *le Courrier de la Rochelle*, *l'Indépendant de la Charente-Inférieure*, à Saintes ; dans les Deux-Sèvres, *le Mémorial des Deux-Sèvres*, à Niort ; dans la Vienne, *le Courrier de la Vienne et des Deux-Sèvres*, à Poitiers ; à Nantes, *le Phare de la Loire* et *l'Espérance du Peuple* ; à Angers, *l'Union de l'Ouest* et son annexe *l'Ami du Peuple* ; au Mans, *l'Union de la Sarthe* et *la Chronique de l'Ouest* ; dans la Mayenne, *l'Indépendant de l'Ouest* ; dans l'Ille-et-Vilaine, *le Journal de Rennes* ; dans le Morbihan, à Vannes, *le Courrier de Bretagne* ; dans le Finistère, *l'Océan* et *l'Impartial de Quimper* ; dans les Côtes-du-Nord, *la Foi bretonne* ; dans la Manche, *la Vigie de Cherbourg* ; dans le Calvados, *l'Ordre et la Liberté*, de Caen, *l'Indicateur*, de Bayeux, et *le Normand*, de Lisieux ; dans la Seine-Inférieure, le *Journal de Rouen*, le *Journal du Havre* et le *Journal de l'arrondissement du Havre* ; dans le Nord, *l'Echo du Nord*, *le Propagateur du Nord et du Pas-de-Calais*, à Lille ; *l'Écho de la frontière*, à Valenciennes, et *l'Émancipateur*, à Cambrai ; à Troyes, *l'Aube* ; dans la Moselle, à Metz, *le Courrier de la Moselle*, *l'Indépendant de la Moselle* et *le Vœu national* ; à Nancy, le *Journal de la Meurthe* et *l'Espérance* ; dans le Bas-Rhin, *le Courrier du Bas-Rhin* ; dans l'Yonne, *la Constitution*, d'Auxerre, et *le Sénonais* ; dans la Côte-d'Or, le *Journal de Beaune* ; dans le Doubs, *l'Union franc-comtoise*, avec son annexe *la Feuille hebdomadaire*, *la Franche-Comté*, avec son annexe *le Conservateur* ; dans le Rhône, *le*

Progrès de Lyon et *le Salut public*. Ajoutez dans le centre, *la France centrale*, à Blois ; *le Mémorial de l'Allier* ; dans le Midi, le *Journal de Toulouse, le Sémaphore* et *la Gazette du Midi*, à Marseille ; dans le Var, *le Toulonnais* ; à Grenoble, *l'Impartial dauphinois* ; à Chambéry, le journal très-clérical, *le Courrier des Alpes*. Voilà donc trente-et-un départements dans lesquels nous trouvons environ 56 journaux d'opposition, en déduisant les annexes, 51. Il reste cinquante huit départements qui n'en ont pas, qui n'ont que des journaux gouvernementaux ou même qui n'ont aucun journal politique (1).

Voilà comment la vie politique est distribuée à la surface du pays. Nous avons vu qu'elle existe surtout à la circonférence, dans le sud-ouest, l'ouest, le nord et l'est. Au centre, autour de Paris, rien. Dans le riche département de Seine-et-Marne, il n'y a même pas un journal politique ; ailleurs, c'est une

(1) Reprenant le chiffre général des deux cent soixante sept journaux annoncés par l'*Exposé*, il faut remarquer qu'il n'y a pas autant de journaux que de noms distincts, car dans quelques départements il y a plusieurs journaux qui n'en font qu'un : dans la Gironde, le *Courrier de la Gironde* et le *Journal du Peuple* ; dans Maine-et-Loire, le *Journal de Maine-et-Loire* avec le *Progrès*, l'*Union de l'Ouest* avec l'*Ami du Peuple* ; dans le Doubs, où l'*Union franc-comtoise* et la *Franche-Comté* ont chacune deux éditions différentes ; enfin dans la Marne, où le *Courrier de la Champagne*, le *Messager de la Champagne* et l'*Abeille rémoise* sont trois formes d'un seul et même journal.

seule petite feuille qui paraît trois fois, deux
fois, une fois la semaine : dans Seine-et-
Oise, dans l'Eure, dans l'Orne, dans Eure-et-
Loir où paraît aussi une feuille du dimanche.
Quand on tire vers le nord et l'est de Paris,
hors des points que nous avons parcourus, il
se produit ce phénomène curieux : les journaux se multiplient, quelquefois d'une façon
prodigieuse, sans que l'Opposition y ait la
moindre part. Ainsi, dans la bande formée par
la Marne, la Meuse, la Haute-Marne. les Vosges,
le Haut-Rhin, la Haute-Saône, il y en a vingt,
dont sept dans le département de la Marne ;
dans la bande formée par l'Aisne et les Arden-
nes, il y en a dix ; dans la bande formée par
l'Oise, la Somme et le Pas-de-Calais, il n'y en a
pas moins de vingt-quatre. Au-dessous de Paris, prenons tout l'espace qui s'étend entre le
chemin de fer de Paris à Bayonne et le chemin
de fer de Paris à la frontière, vers Neufchâtel,
en réservant, dans la première région, selon ce
que nous avons dit, Blois, Bordeaux et Toulouse, dans la seconde, l'Yonne, la Côte-d'Or,
Lyon, Grenoble, Chambéry, Toulon et Marseille ; puis des points isolés, comme l'Isère et
l'Allier, il y a là quarante départements, c'est-
à-dire presque entièrement le centre et le midi
de la France, dans lesquels on ne trouve que
soixante-six journaux politiques et pas un

d'Opposition. C'est la Sologne de la presse.

Voici, sauf d'involontaires erreurs, comment la presse politique se répartit dans cette étendue de quarante départements : il y a trois journaux dans Saône-et-Loire, la Dordogne, le Cantal, le Tarn, l'Hérault et le Gard ; deux dans les départements suivants : Charente, Cher, Indre, Corrèze, Loire, Landes, Basses-Pyrénées, Hautes-Pyrénées, Lot, Lot-et-Garonne, Aveyron, Ain, Jura, Alpes-Maritimes, Corse ; un dans les départements suivants : Loiret, Indre-et-Loire, Creuse, Haute-Vienne, Nièvre, Puy-de-Dôme, Haute-Loire, Gers, Tarn-et-Garonne, Ariége, Pyrénées-Orientales, Aude, Lozère, Vaucluse, Ardéche, Drôme, Haute-Savoie, Basses-Alpes. Dans les Hautes-Alpes, rien.

Nous ignorons ce qu'il a pu être demandé d'autorisations pour fonder des journaux dans les départements, et nous recevrons avec reconnaissance les renseignements qui nous seront donnés là-dessus ; mais, pour parler de ce qui est certain, voici quelques exemples. Dans le département de Seine-et-Oise, où il n'y a qu'une feuille politique qui paraît deux fois la semaine, et qui s'est trouvée, dans toutes les élections, du côté des candidats du gouvernement, un homme des plus honorables, l'ami et l'éditeur de Bastiat, M. Paillottet, n'a pu obtenir de fonder une feuille hebdomadaire ; dans le département de la Lozère, l'autorisation d'un journal conservateur indépendant a été refusée ; dans les Côtes-du-Nord, où il n'y a plus, depuis 1852, aucun organe démocratique, M. Glais-Bizoin a fait plusieurs demandes, qui n'ont pas été écoutées. Dans l'Aude, il n'existe qu'un seul journal politique, gouvernemental, qui paraît deux fois la semaine ; six cents habitants de Narbonne ont désiré avoir une feuille où ils pussent défendre librement leurs intérêts, feuille peu politique, car la première clause était qu'elle ne représenterait aucune opinion, et les actionnaires étaient de toutes les nuances ; feuille qui devait être nécessairement modérée, car parmi ses actionnaires se trouvaient des conseillers généraux, des conseillers d'arrondissement, des magistrats, des conseillers municipaux, des commerçants, intéressés à l'ordre ; le directeur, M. Capelle, présentait assez de garanties aux plus exigeants ; rien n'y a servi. Dans l'Aisne, à Laon, où il ne subsistait qu'un journal gouvernemental, ce ne sont plus six cents, ce sont six mille personnes qui sollicitent inutilement la création d'une autre feuille. L'administration, si avare en fait d'autorisations, se relâche pour elle-même de cette rigueur. Ainsi, depuis quelques mois, elle a autorisé, à Besançon, *le Courrier franc-comtois* et ses deux éditions, un journal absolument dévoué, destiné à combattre la *Franche-Comté*, dont le propriétaire, M. Latour Du Moulin, a donné quelques mécontentements. Mais ici se présente un nouvel ordre de mesures administratives : entre les journaux qu'on empêche de naître et ceux que l'on tue de mort violente (1), il y a la suppression par accident. A Laon, c'est un marché : le *Journal de l'Aisne*, feuille d'opposition, se fond dans l'*Observateur*, journal administratif. Dans les Basses-Pyrénées, qui n'ont aujourd'hui qu'un seul journal politique, il y en avait deux autrefois ; le gérant du *Messager de Bayonne* est venu à mourir ; le journal a été acheté par M. Portes ; mais l'autorisation de le publier lui a été refusée, et le journal du gouvernement est resté seul maître du terrain. Ces deux faits suscitent des réflexions assez pénibles ; on se dit à quoi tient ce qui reste de la presse d'Opposition dans plusieurs départements : à un peu d'argent qui tente des propriétaires, à une pleurésie ou à une apoplexie qui frappent les gérants. On peut encore croire que le patriotisme fera assez de progrès pour que les propriétaires soient incorruptibles, mais on ne peut raisonnable-

(1) Voir *Martyrologe de la presse*, 1789-1864, par A. Germain, un volume in-18, Dummeray, rue Richelieu, 78. — *De la liberté de la presse*, avec un appendice : les avertissements, suspensions et suppressions encourus depuis 1848 jusqu'à nos jours, par Léon Vingtain, un vol. in-18, Michel Lévy, rue Vivienne, 2 *bis*.

ment espérer que les gérants deviendront immortels. Puis, il y a des apparitions et des disparitions qui cachent des mystères. C'est l'*Indicateur de Rochefort*, qui cesse d'appartenir à l'Opposition ; dans le Bas-Rhin, *l'Alsacien*, journal clérical, parfois libéral, vient, par un événement étrange, de se perdre dans le journal officiel, le *Moniteur du Bas-Rhin*, qui a échangé son nom contre le nom meilleur d'*Impartial du Bas-Rhin*. Ainsi, naissance et décès, tout est favorable à l'administration.

Tel est l'état de la presse dans les départements. Celui qui soutiendrait que la presse parisienne suffit à combler les vides que nous avons signalés, se tromperait. Sans doute, à la rigueur, la presse parisienne, arrivant dans les départements, peut y représenter les diverses opinions politiques ; mais elle n'a souvent qu'une influence bien restreinte sur les élections au Corps législatif, surtout de la façon, souvent étrange, dont les circonscriptions électorales ont été faites (1). Elle ne sert de rien pour les élections consulaires, municipales, d'arrondissement, de département, de rien pour la publicité des comptes-rendus des conseils municipaux et du conseil général, de rien pour

(1) Voir *Carte des circonscriptions électorales*, par MM. Ferdinand Duval et Édouard Delprat, chez Lancé, rue de la Paix, 8.

la discussion de mille intérêts locaux, pour
lesquels les journaux parisiens n'ont pas de
place. Tant qu'il n'y aura pas une large presse
départementale, les départements ne seront
rien. On parle beaucoup de décentralisation ; si
on la veut sérieusement, voilà celle qui doit être
la première.

Le régime de la presse des départements est
celui de toute la presse, aggravé par l'éloigne-
ment de Paris. Comptez les prises que l'administration a sur elle (1) : l'autorisation, (on a vu
qu'elle n'est pas facile à obtenir pour tout le
monde) ; le cautionnement, qui rapporte peu et
est exposé aux saisies ; le timbre ; le don et le
retrait des annonces judiciaires ; la permission
ou la défense de vendre sur la voie publique ;
les procès correctionnels, avec la prison et l'a-
mende ; l'avertissement avec la suspension et
la suppression (on sait que le gouvernement y
renonce). N'oublions pas la condition des imprimeurs, qui vaut la peine qu'on s'y arrête un
instant. Leur nombre est restreint, il leur faut
un brevet ; or, un imprimeur réfléchit avant de
prêter ses presses à un journal d'Opposition,
et une fois qu'il s'est décidé, il redoute les pro-

(1) *Voir* les brochures : *La Presse et la Législation de
1852*; par Edouard Hervé. Bureaux de la *Revue contempo-
raine*, rue du Pont-de-Lodi. — *La liberté de la Presse et
le Suffrage universel*, par Dupont-White. Douniol, rue de
Tournon, 29.

cès, avec l'amende et la prison ; il ne craint
pas seulement de la part du journal qu'il imprime ; dès qu'on a l'œil sur lui, tout ce qu'il
imprime peut le compromettre : il est si facile
d'oublier une formalité ! et si, dans quelque
ouvrage de moins de dix feuilles, il se glisse
quelque phrase de cette terrible économie so-
ciale, qui, avec de la bonne volonté, est partout,
forte ou faible condamnation qui tombent sur
lui, compromettent son brevet, qui, après une
contravention grave ou légère, peut-être supprimé. Aussi, revenant au journal qui attire
l'attention sur lui, il prie perpétuellement
qu'on atténue, qu'on retranche, il prie et au besoin il exige ; en sorte qu'il arrive ce fait curieux
que la censure, qui devait être supprimée à
jamais, est rétablie ; seulement, au lieu de la
censure du gouvernement, on a celle de l'imprimeur. Excusons-le ; ce qu'on ne peut com-
prendre, c'est qu'il dorme. Un jour tout le
monde verra ce que beaucoup de bons esprits
commencent déjà à voir ; c'est que la res pon-
sabilité du mal, s'il a été fait du mal, doit re-
monter à celui qui l'a fait, à l'écrivain, et que
l'imprimeur ne devrait être recherché qu'en
l'absence de l'écrivain, seul et vrai coupable.

Ajoutez, si le rédacteur n'est pas propriétaire,
les alarmes de la propriété, la pression qui s'en
suit, et dites s'il est facile à aucune feuille in-

dépendante, et surtout à une feuille indépendante dans un département, s'il lui est facile de naître et de vivre.

Mais un mal profond qui travaille spécialement la presse des départements est le pouvoir donné au préfet d'accorder et de retirer les annonces judiciaires, pouvoir qui leur a été conféré par le décret organique sur la presse de 1852. Il serait injuste de penser que tout journal doté des annonces judiciaires est ou sera au préfet qui les lui donne : il y a tels journaux d'une importance qui commande cette attribution; mais ce n'est pas le cas ordinaire : en général, le choix est plus libre, et alors, si on n'est pas par trop naïf, comment s'imaginer que le préfet, qui est un agent politique, oubliera la politique, qu'il partagera également ses faveurs entre ses amis et ses adversaires ? Comment ne pas voir que la jouissance des annonces est pour la plupart des journaux une tentation trop forte ? Disons la chose comme elle est : les annonces judiciaires sont une subvention déguisée et une corruption décente.

Faut-il en revenir à la loi de 1841 ? Cette loi, qui confiait la distribution des annonces à la magistrature, sacrifiait une bien grande à une très-petite chose. La justice, en effet, est une si grande chose, qu'il importe avant tout qu'elle ne soit pas soupçonnée : or, nous sommes convaincu qu'elle apportait dans cette désignation une entière indépendance et une entière impartialité ; mais comment persuader cela aux partis et aux intérêts blessés, et empêcher que le respect qui est dû à la magistrature n'en soit atteint ? Séparons absolument la justice de la politique.

La loi que l'on attend sur la presse et qui la fait juger par les tribunaux correctionnels, est déjà, pour la magistrature, un présent assez dangereux, et elle ne doit pas être jalouse d'en recevoir d'autres semblables.

Nous concevrons que l'on recule devant le système qui admet la liberté absolue des annonces judiciaires et légales, car il s'agit d'assurer la publicité de ces annonces, que des particuliers pourraient avoir intérêt à cacher dans des feuilles sans lecteurs ; mais, on cherchera, on trouvera des moyens d'accorder cette publicité avec cette liberté (1). Nous ne tenons à

(1) Celui-ci par exemple. Qu'on laisse les annonces aller où elles voudront, mais que, de tous les journaux, elles soient centralisées dans un bulletin spécial ; qu'un exemplaire des quatre-vingt-neuf bulletins soit déposé à tous les tribunaux, civils et de commerce, et que chaque bulletin départemental soit déposé, en outre, aux archives de la préfecture, des sous-préfectures et au secrétariat des mairies du département. En ajoutant à cette publicité, déjà considérable, celle des affiches et des extraits que les diverses feuilles ne manqueraient pas de donner à leurs lecteurs, on arriverait à une publicité énorme, sans comparaison avec

aucun système, nous tenons uniquement à voir disparaître un régime qui a tué la presse dans les départements.

II.

Nous avons exposé l'état de la presse des départements et nous l'avons placée dans le régime général de la presse française ; nous voudrions maintenant placer la presse française elle-même au milieu des opinions diverses, qui forment comme le sol où elle croît. Ne feignons pas d'ignorer ce que nous savons, et tâchons de dire ce que tout le monde se dit à lui-même. Essayons de faire, sans l'ombre de passion, une rapide statistique des partis.

Il faudrait d'abord distinguer ceux qui tiennent aux formes du gouvernement et ceux qui n'y tiennent pas ; les premiers se diviseraient en dynastiques et en républicains. Dans les dynastiques on en trouverait autant qu'il y a eu de dynasties qui nous ont gouvernés. La

celle qu'on a maintenant. Le premier venu, soit en recevant les bulletins des divers départements, soit en se transportant aux lieux où ils se trouvent, aurait sous les yeux un vaste état de situation qui lui ferait connaître au vrai une multitude de fortunes particulières et la fortune du pays. Par ce moyen très-simple, on aurait les avantages de la liberté sans ses inconvénients.

2.

dynastie actuelle revendique les suffrages exprimés lors de la proclamation de l'Empire et dans les élections survenues depuis ; les autres partis existent à côté de celui-là, avec leur force et leur faiblesse.

Les Oppositions dynastiques ont peu de fidèles, parce que l'attachement personnel à une famille devient de plus en plus rare ; puis il y a à toute restauration des difficultés qui empêchent de l'envisager avec confiance : si des princes sont ramenés par l'étranger, ils participent de la haine qui suit l'étranger ; s'ils sont appelés du dedans, encore faut-il ne pas se tromper sur le moment précis, et, alors même que ce moment serait arrivé, il reste, dans l'exécution, des chances et un inconnu qui inquiètent. Il y a ici, comme on sait, deux partis. L'un attaché, un peu malgré lui, au dogme du droit divin, qui a été autrefois sa fortune, présente une idée de repos aux peuples tourmentés par les révolutions, mais il a contre lui les esprits qui repoussent les dogmes, et les rancunes qui poursuivent encore l'ancien régime ; l'autre a contre lui tous ceux qui ne pardonnent pas à un gouvernement d'être tombé, et le reproche de s'être trop complu dans le jeu du mécanisme parlementaire, en supposant que le pays partagerait cette complaisance et en négligeant des classes qui se sont trouvées plus impatientes qu'on n'avait cru ; mais il recevrait aisément les esprits modérés que les régimes excessifs effarouchent. Quant au parti républicain, une expérience malheureuse, encore trop récente, lui a ôté de son prestige ; mais il regagnerait de la faveur s'il se trouvait des successions de souverains qui eussent des vues séparées du reste de la nation, s'ils n'avaient rien de plus cher que leur pouvoir, ou si, par leur ambition personnelle, ils troublaient le monde qui voudrait se reposer.

Au premier rang des partis qui ne tiennent pas essentiellement aux formes de gouvernement, nous rencontrons le parti démocratique. Il est extrêmement nombreux, comme on sait. Là sont les amis de la révolution, qui l'aiment surtout pour avoir proclamé l'égalité, pour avoir promis d'élever les plus humbles au niveau des plus hauts. Amis jaloux de la démocratie, ils croient aisément qu'on travaille contre elle, ou qu'on ne fait pas assez vite, et, défiants envers certaines classes qui lui ont été défavorables, ils leur ôteraient volontiers la liberté, pour leur ôter la liberté de lui nuire. Pour son compte, préoccupé d'empêcher que la révolution ne se ferme avant qu'il soit arrivé à ses fins, sans savoir toujours les moyens d'y arriver, et sans se confier suffi-

samment en sa force pour renverser les obs-
tacles, il ne déteste pas d'avoir un maître,
qui soit son œil et sa main.

Il s'est formé depuis un certain nombre
d'années deux nouveaux partis: le parti clérical, qui date de la monarchie de Juillet, et le
parti libéral, qui ne fait que de naître, ou du
moins de prendre conscience de lui-même. Le
parti clérical est un peu, dans son genre, ce
que le parti démocratique est dans le sien :
pour les deux il s'agit d'un principe qui est le
bien par excellence, ici le progrès du catholi-
cisme, là le progrès de la démocratie, et l'on
aime les gouvernements à proportion qu'ils
procurent ce bien, leur laissant beaucoup de
latitude pour le reste. Le parti clérical absolu,
dont *l'Univers* et *le Monde* ont été les organes,
a découvert sa politique avec une rare naïveté.
Le parti libéral est autre. Selon lui, la société
repose sur le droit, sur la liberté individuelle,
et les gouvernements n'existent que pour
assurer ce droit, pour garantir cette liberté.
Qu'ils fassent cela et qu'ils s'appellent comme
ils voudront: le nom est indifférent. Le parti
libéral est moins un parti qu'il n'est la sagesse de chacun d'eux, quand ils se résignent
à accorder aux autres la liberté dont ils ont
eux-mêmes besoin; s'ils en étaient à voter,
chacun se donnerait la première voix et don-

nerait la seconde au parti libéral ; aussi il est plus nombreux qu'il ne paraît l'être et il mérite qu'on le prenne en grande considération.

Vient enfin une masse énorme, qui tient principalement à ses intérêts et à sa tranquillité, qui craint pour ses intérêts si, sans consultation préalable, le gouvernement peut prendre quelque grave mesure économique ou jeter le pays dans la guerre, et qui craint pour sa tranquillité si, faute de se prêter au mouvement des esprits, le gouvernement prépare pour l'avenir quelque éclat funeste.

Nous avons tâché de représenter très exactement l'état des partis en France ; nous voudrions exprimer de même les réflexions qu'il fait naître. Ce serait l'idée la plus fausse que de se représenter le parti du gouvernement seul de son côté et tous les autres de l'autre côté, et ceux-ci tellement unis entre eux et contre lui que, s'il venait à quitter le côté qu'il avait pris, ils s'y transporteraient comme un seul homme, ainsi qu'il arrive au théâtre, quand de la droite et de la gauche de la scène les acteurs s'injurient ou se défient. Il n'en est absolument rien.

Si les partis hostiles sont divisés avec le gouvernement, ils sont divisés entre eux ; leurs principes, leur histoire les séparent ; aucun d'eux ne supporte l'idée que dans l'ave-

nir il devrait plier devant l'autre ; ils se préfèrent réciproquement le maître commun qui
règne sur eux ; ainsi, par jalousie et par honneur, ils restent ce qu'ils sont. On parle toujours de la coalition des partis ; où donc la
prend-on ? Quand a-t-on vu les journaux convenant de s'entendre contre le gouvernement,
en dépit de leurs opinions véritables ? Est-ce
sur le libre échange ? Est-ce sur l'affaire d'Italie ? Est-ce sur la question romaine ? Est-ce
sur la récente question d'Allemagne, où on a
vu des journaux libéraux prendre parti, les
uns pour l'Autriche, les autres pour la Prusse ?
D'ici à quelque temps, il sera difficile, si l'on
contente le parti légitimiste, de contenter le
parti républicain, et si on contente le parti
clérical, de contenter le parti démocratique.
Lorsque les journaux s'entendent pour blâmer
de fâcheuses expéditions, démontrées telles
par l'épreuve, et pour réclamer plus de liberté,
appeler cela une coalition est un pur abus de
mots : il n'y a ici qu'une même évidence aperçue ou un même besoin senti au même moment par tous. Ils se coalisent comme les
mathématiciens pour les mathématiques, et
comme les premiers venus pour manger quand
ils ont faim. Le gouvernement est donc sûr,
quand il agit résolûment, s'il a des partis
contre lui, d'en avoir aussi pour lui ; il n'a

qu'à bien choisir ceux qu'il veut avoir. Et puis,
qu'il songe au grand public libre, qui n'est à
aucun parti ; c'est ce public qu'il s'agit de gar-
der et d'accroître. Il n'y a qu'à arriver jusqu'à lui ; mais le gouvernement a des moyens
d'y arriver ; il a la presse gouvernementale :
ses journaux et ceux de ses amis, qui auront
du crédit sur l'opinion toutes les fois qu'on
leur attribuera une réelle indépendance ; il a
une place dans tous les journaux, même les
plus hostiles, par les *communiqués*, qui recti-
fient promptement les assertions inexactes;
par les discours de ses orateurs dans les Chambres ; par ses circulaires et ses correspondan-
ces diplomatiques ; il a, dans les grandes
occasions, les jugements, connus de tout le
monde. On n'est pas sans défense quand on
entre ainsi partout dans le débat qui s'élève
sur vous, et qu'on y entre avec l'incompa-
rable avantage de posséder sur chaque question les informations les plus étendues, dont
l'adversaire ne réunit à grand'peine qu'une
faible part. Il est vrai que tout cela ne dis-
pense pas d'avoir raison ; mais qui que nous
soyons, gouvernements ou simples citoyens,
nous en sommes là et personne ne peut s'en
plaindre.

Si la France est ce que nous venons de dire,
quel est le régime de la presse qui lui con-

vient? M. Emile de Girardin demande, dans son journal, l'affranchissement et l'impunité absolue de la presse, qu'il croit d'ailleurs impuissante (1). Nous pensons que, sur ces points-là, il est en avance sur le pays et n'obtiendra pas ce qu'il réclame; mais, chemin faisant, il a présenté quelques observations vraies, ou recueilli des opinions considérables, et on ne lira pas sans fruit l'histoire des inutiles efforts tentés par les gouvernements successifs contre cette puissance. D'ici à ce que nous soyons mûrs pour la liberté absolue, il y a des conditions que nous acceptons volontiers. Pour prouver que nous n'avons aucun parti pris contre qui que ce soit, nous déclarons que tout ne nous paraît pas également à rejeter dans le régime actuel de la presse. Lorsque les *communiqués* sont discrets, ils nous paraissent utiles et justes : tout le monde doit avoir la permission de relever un fait inexact qui l'intéresse, le gouvernement comme tout le monde, et nous ne voyons à cela que du profit. Il nous semble aussi que l'obligation pour les journaux d'insérer intégralement le compte-rendu officiel des débats des Chambres est bonne : un compte-rendu sincère nous

(1) *Le Spectre noir*, extrait du *Droit de la pensée*, dont il reproduit la préface et la lettre a M. Rouher. Chez Serrière, Michel Lévy, Plon et à la Librairie Nouvelle.

plaira toujours mieux que les mutilations et les travestissements dont on a eu autrefois trop d'exemples.

Nous comprenons aussi qu'il y ait des jugements pour la presse, mais qu'il y ait de véritables juges, c'est-à dire que l'administration ne redevienne jamais juge et partie. Elle se propose de ne poursuivre que les paroles qui excitent à la haine et au mépris du gouvernement; elle déclare partout qu'elle accepte volontiers une discussion sérieuse et de bonne foi; nous sommes convaincu que ses intentions sont parfaitement droites, mais nous nous défions de la situation, qui est périlleuse. Les gouvernements sont des hommes; je ne dis pas des hommes comme nous, puisqu'ils nous gouvernent et que nous sommes gouvernés, m aisenfin ils sont des hommes; or, interrogeons-nous en conscience : nous croyons aisément, dans nos querelles, qu'on excite à nous haïr et à nous mépriser; nous croyons difficilement qu'une discussion où l'on nous donne tort soit sérieuse; et plus nous avons voulu faire le bien, plus il nous semble que si on nous reproche d'avoir fait le mal, on ne saurait être de bonne foi, et en punissant, nous pensons venger la justice. Donc il y a danger de se tromper, soit dans l'exactitude de l'imputation, soit dans la mesure de la répression;

le gouvernement s'y expose. Admettons qu'il n'y tombe pas ; il reste toujours qu'il met l'arbitraire à la place de la loi, ce qui est fâcheux, et que le pouvoir exécutif envahit le pouvoir judiciaire (1) contre les plus expresses recommandations de la sagesse politique, qui veut que ces deux pouvoirs soient séparés. Encore est-ce mal parler du pouvoir exécutif, qu'on se représente comme une intelligence unique, placée au-dessus de nous et à laquelle tout aboutit ; ici nous entendons les quatre-vingt-neuf préfets des quatre-vingt-neuf départements, investis du droit de décider ce qui est répréhensible ou irrépréhensible, chacun dans sa province ; de faire aux journaux une vie misérable ou de les frapper de mort. Nous ne saurions trop louer le gouvernement d'avoir renoncé à une telle juridiction.

On essaie quelquefois de faire des délits de presse des délits d'une espèce particulière, de leur donner une simplicité qu'ils n'ont point. Un acte matériel et quelqu'un qui juge avec les yeux de son bon sens si l'acte est ou n'est pas, voilà, selon une opinion, à quoi tout se réduit. On se trompe : les délits de presse sont

(1) *Voir* Laboulaye : *le Parti libéral*, un vol. in-18, Charpentier, et la brochure *les Journalistes devant le Conseil d'État*, par Édouard Laferrière, avocat. Paris, veuve Joubert, rue des Grès.

plus compliqués que cela : ils renferment, comme les autres délits et crimes, l'acte et la pensée. Ici l'acte est public, patent; pas de difficultés là-dessus; mais la pensée, c'est autre chose. Tout article de journal est-il coupable, parce qu'il excite à la haine et au mépris du gouvernement? Mais si les faits qu'il rapporte sont vrais, l'écrivain disparaît, ce sont les faits qui blâment; et l'on a remarqué, à ce propos, que plus les faits sont graves, plus aussi ils produisent les sentiments de mépris et de haine, et plus il était utile de les rapporter. Si les faits ne sont pas vrais, l'écrivain reparaît et est puni, justement, dit-on, durement, dirons-nous, car encore faut-il savoir s'il y a eu là malice ou erreur. Combien l'erreur est souvent sans malice, l'expérience de chaque jour le démontre. Il n'y a pas longtemps encore que le bruit d'une réduction dans les cadres de l'armée ayant couru, *le Moniteur* lui-même déclara que ce bruit était sans fondement et démentit une réduction qu'il enregistrait le lendemain; il ne fut pas puni, et le *Journal des Débats* le remarqua plaisamment. Enfin, dit-on, à côté des faits vrais et faux, il y a les inductions, qui sont toujours le propre de l'écrivain. Oui, mais quand on aura mis à part la violence manifeste, qu'on arrête dans les journaux comme dans la rue, il resterait, ce me semble, à s'enquérir de la pensée, de l'intention de l'écrivain, à chercher s'il a été sérieux et de bonne foi, car, s'il a été coupable, c'est en s'écartant de ces conditions qu'il est coupable. C'est l'éternelle question que, dans les affaires criminelles, on adresse au jury, à laquelle le jury est chargé de répondre, parce qu'il descend dans les consciences ; elle revient bien plus naturellement encore dans les affaires de presse, qui veulent que l'on descende dans la conscience publique, pour examiner avec quelle force elle a agi sur l'écrivain ; car, en fait de presse, il n'y a pas de délit ni de crime isolé.

S'il faut absolument renoncer au jury, que, par un excès de défiance en sa propre force, le gouvernement paraît décider à ne pas accepter, et s'il faut être jugés par les tribunaux correctionnels, nous demanderons du moins, comme l'a déjà fait le *Journal des Débats*, que l'appel en matière de presse soit porté devant la Cour d'appel, toutes chambres réunies : des tribunaux formés par les choix concertés du premier président, du procureur général et du ministre de la justice laisseraient planer des craintes qu'il importe de dissiper. Il va sans dire que la publication des débats judiciaires devrait être autorisée, selon le droit commun.

Avant même ces réformes, il en est que l'opi-

.nion appelle. Si le cautionnement demeure, comme garantie des amendes, si le fisc garde le timbre, il y a certainement à changer tout le système des annonces judiciaires, à supprimer le monopole de l'imprimerie, à alléger la responsabilité des imprimeurs, mais premièrement à supprimer l'autorisation préalable. Ceci jugera le libéralisme de la nouvelle loi.

On répète éternellement que c'est la presse qui a tué tous les gouvernements passés. On oublie le premier Empire, que certainement elle n'a pas tué. Puis il y a une chose qui nous frappe : quand un gouvernement est tombé, son successeur ne manque jamais de trouver d'excellentes raisons de sa chute, mais ce n'est jamais celle-là. Quand un gouvernement nouveau viendra nous dire : « Mon prédécesseur » était irréprochable; s'il a succombé, c'est la » faute de la presse, qui a été injuste pour » lui, » alors nous accepterons les plus violentes mesures qu'il prendra contre la presse, parce qu'il faut sauver l'innocence. La presse ne tue pas les gouvernements ; elle leur survit. Les articles de journaux les plus violents ne sont pas dangereux parce qu'ils sont violents, ils sont dangereux s'ils expriment l'opinion publique; autrement, l'écrivain ne fait tort qu'à lui-même. L'administration est si bien dans cette idée, que, dans la plupart des cas où elle frappe un article, elle le cite, elle en cite les plus forts passages, comme il est arrivé dans le rapport qui a supprimé la suppression du *Courrier du Dimanche*. Si le gouvernement agit ainsi, il suppose donc que la grande majorité de la nation est saine, à côté d'une minorité malade, et qu'il n'y a rien à craindre de quelques écrivains qui écrivent pour celle – ci , lorsque, lui, il travaille pour celle-là. Que les gouvernements se le persuadent bien : personne ne saurait leur faire autant de mal qu'eux-mêmes ; les plus violentes invectives n'e peuvent rien contre eux, au prix de ce que peuvent leurs propres fautes. Quand tout le monde se tait, leurs fautes parlent, et on les entend d'autant mieux que tout le monde se tait. Voltaire assure qu'il adressait cette prière à Dieu tous les matins : « Mon Dieu, faites que mes ennemis fassent des sottises ! » S'il existe des oppositions acharnées, nous leur conseillons la prière de Voltaire.

Nous voudrions convaincre le gouvernement qu'une bonne liberté de la presse n'est pas seulement notre avantage, que c'est aussi le sien.

D'abord, s'il se plaint que l'Opposition soit intéressante, qu'il n'en accuse que lui : ce qui rend l'Opposition intéressante, c'est l'inégalité du combat, du faible contre le fort. Donc, qu'il

rende ce combat égal, et l'intérêt sera égal, ou
plutôt il n'y aura plus qu'une discussion où la
saine partie du public ne s'intéressera qu'à la
vérité.

Puis, quand on examine toutes les circonstances actuelles, on voit qu'elles sont justement
celles qui appellent une réforme libérale de la
presse. A mesure que les origines d'un gouvernement s'éloignent, elles s'oublient, et, bonnes
ou mauvaises, au bout de quelque temps il ne
reste plus que bien peu de personnes qui en
aient le souvenir présent, et qui gardent l'en-
thousiasme ou la colère des premiers jours.
Ainsi, à un moment, il est dégagé de ses origines et maître de ses démarches ; c'est aussi le
moment de consulter avec lui-même, pour
savoir quelle conduite il doit tenir. Or, il nous
semble toujours difficile qu'un gouvernement
continue par les principes par lesquels il a
commencé : s'il est né d'une réaction contre le
despotisme, il aura donné d'abord des licences
qu'il lui faudra réprimer après ; s'il est né d'une
réaction contre l'anarchie , il aura imposé
d'abord un frein qu'il lui faudra sans doute re-
lâcher plus tard ; car toute nation qui vit change
nécessairement, comme nous, qui avons faim et
qui n'avons plus faim, qui désirons tour à tour
le repos pour nous reposer du mouvement, et
le mouvement pour nous refaire du repos. Nous

venons de lire une très fière et leste apologie du
régime actuel de la presse. (1) L'auteur constate
que toutes les autres législations ont été ineffi-
caces, et que celle-ci est efficace ; il donne pour
unique preuve que, depuis qu'elle est en vi-
gueur, il n'y a plus d'émeutes dans les rues. Il
nous semble qu'il a conclu un peu vite. En
cherchant bien, il aurait trouvé quelques autres
raisons qui ne sont pas sans valeur, celle-ci,
par exemple, que des partis qui peuvent en
appeler au scrutin renoncent volontiers à l'é-
meute, et celle-ci encore, que la stratégie a
rendu l'émeute plus difficile ; il n'a oublié, en
somme, que le suffrage universel et la caserne
universelle. L'auteur se trouve assez libre, sans
doute parce qu'il a la liberté de tout dire, même
qu'il est libre. L'auteur maltraite les Oppositions comme de juste ; pour lui, il est content.
Il est bien heureux d'être content ; nous désirons qu'il le soit toujours, et, quoi qu'il arrive,
nous avons confiance qu'il le sera. Nous regret-
tons qu'il ait eu le petit désagrément de louer
si bien la veille un régime qui devait être aboli
le lendemain. On aurait pu le prévenir. Quoi
qu'en aient dit les plus ingénieux apologistes,
il a été difficile de maintenir un régime de la
presse qui durait depuis quinze ans, en sorte

(1) *La Presse périodique de 1789 à 1767*, par Fernand
Giraudeau. Un vol. in-8° Dentu.

que le régime était épuisé autant que la presse elle-même, tandis que la nation, réparée par des années de sagesse, est impatiente de vivre.

Plus vous examinerez cette situation, plus vous sentirez qu'une vraie extension de la liberté est opportune, et que c'est le juste point pour changer de voie. Bientôt l'expédition du Mexique sera finie; dans les questions brûlantes qui ont si vivement ému les intérêts et les consciences, le libre échange et la question romaine, les faits accomplis ont produit un certain apaisement ou créé des forces nouvelles qui suffisent à arrêter les forces contraires. L'accueil qui a été fait à ce projet de conscription, où il y a beaucoup d'appelés et trop d'élus, particulièrement à l'article qui permettait de lever la réserve par un décret, cet accueil a montré que l'opinion publique désire être plus consultée, et que la nation désire qu'on ne dispose pas d'elle sans l'avertir; on ne saurait donc concevoir un ensemble de circonstances qui se prêtent plus aisément à un essai de réforme.

Le grief le plus universel contre le gouvernement est le grief des citoyens qui n'ont pas assez de liberté individuelle, et celui de la nation, qui n'a pas un contrôle suffisant sur ses propres affaires; une réforme libérale du régime de la presse fera tomber ce grief.

Nous ne prétendons point que la presse reconnaissante n'usera à l'avenir de sa liberté que pour louer le gouvernement sur toutes choses, et même qu'elle n'abusera pas plus d'une fois de la liberté; certainement elle trouvera à critiquer; mais si le gouvernement est sage, il n'aura pas à redouter la critique et il l'appellera. Notre collaborateur, M. Léon Say, a dit heureusement: « Il n'y a que ce qu'on comprime qui éclate. » De la presse contrainte à la presse libre il n'y a pas seulement la différence que l'une est contrainte et que l'autre est libre: en changeant de condition, la presse change de caractère, de même qu'une eau contrainte dort ou bondit, et une eau libre coule également. Il en est ainsi de la vie politique, parlementaire et électorale: si elle n'a pas son action constante, elle est tantôt nulle, tantôt surexcitée. Conclure, de violences momentanées, contre la presse et la vie politique, c'est mal conclure: cela ne prouve que contre le régime auquel elles sont soumises.

Rien ne modère comme une action régulière, rien ne calme comme une fonction. La presse peut avoir une fonction, assurément; elle peut, elle doit être la grande enquête toujours ouverte sur les faits et les intérêts publics, enquête contradictoire, où tout le monde a quelque chose à apprendre, citoyens et gouvernements : citoyens, qui ont à se dégager de mille passions qui les aveuglent ; gouvernements, qui se plaignent de ne pas connaître la vérité.

On cherche un remède aux révolutions ; le voilà. Du reste, la France n'est plus si révolutionnaire qu'on veut bien le dire. Elle l'est, si on entend que la France moderne date de 1789 et qu'elle tient à son origine, si on entend encore qu'elle ne veut pas rester immobile, qu'elle veut marcher et que son gouvernement la précède ou la suive ; elle n'est pas révolutionnaire, ou elle l'est de moins en moins, si cela signifie que, tous les quinze ou vingt ans, elle a besoin de descendre dans la rue pour changer le gouvernement, les choses et les hommes. Il y a quatre-vingts ans qu'elle joue à ce jeu, qui n'a plus les charmes de la première nouveauté ; on n'est plus si naïf qu'au début ; on commence à le soupçonner : les révolutions ne sont pas la panacée universelle, elles ne donnent pas tout ce qu'elles promettent ; elles ne résolvent pas toutes les questions, ne suppriment pas toutes les souffrances, ne réalisent pas tous les progrès ; il n'y a de parfaitement sûr que les maux qu'elles produisent ; quant aux biens, ils sont douteux et il faut les acheter chèrement ; enfin les in-

térêts qui se sont si fort développés chez nous
depuis quelque temps, le commerce et l'indus-
trie, réclament obstinément le repos, ils repoussent pareillement la guerre et la révolution. Ce que la France demande à tout gouvernement, c'est donc qu'il dure, sachant qu'il ne
peut durer que s'il s'adapte à la nation, à ce
qu'il y a de plus vrai dans son esprit et son
instinct.

(Extrait du *Journal des Débats* des 31 janvier, 2 et 4
février 1867.)

VERSAILLES. — IMPRIMERIE CERF, 59, RUE DU PLESSIS.

www.ingramcontent.com/pod-product-compliance
Lightning Source LLC
LaVergne TN
LVHW012104030726
842523LV00002B/722